18 rue Barbès, 92128 Montrouge Cedex

Texte de Michel Amelin – Illustrations de Ulises Wensell

Dépôt légal : avril 2020
ISBN : 979-1-0363-1555-8
Imprimé en Europe • 2e édition
Loi n°49-956 du 16 juillet 1949 sur les publications destinées à la jeunesse.

Michel Amelin • Ulises Wensell

Le petit empereur de Chine

bayard jeunesse

Il était une fois, dans un immense palais appelé
la Cité Interdite, un petit empereur de Chine
et son petit chien qui s'appelait Ouâ-Ouâ.

Ce palais était si grand qu'il fallait un jour entier
pour le traverser. Il n'était habité que par des ministres,
des suivantes et des soldats.
Personne d'autre n'avait le droit d'y entrer.
Le petit empereur de Chine le savait,
c'est le ministre des Habitants qui le lui avait dit.

Et personne n'avait le droit de regarder
le petit empereur de Chine.
Il fallait toujours lui parler en baissant la tête,
car, si on le regardait dans les yeux, on était transformé
en statue, c'est le ministre du Bonjour-Bonsoir
qui le lui avait dit.

Alors le petit empereur de Chine
restait tout seul dans son palais.
Il agitait sa tresse pour faire sauter son pékinois Ouâ-Ouâ,
et il changeait chaque jour ses habits tissés d'or,
car un petit empereur de Chine ne doit pas porter
les mêmes beaux vêtements plus d'une fois dans sa vie,
c'est le ministre des Habits qui le lui avait dit.

Le trône était surmonté d'un dragon,
tout en or et en jade.
Le dragon portait des mots sur son front.
Le petit empereur de Chine demandait toujours
une explication à son ministre de l'École :
– Racontez-moi l'histoire du dragon
qui a des mots écrits sur le front.
Je n'ai pas de ministre des Contes,
et je m'ennuie.
Alors, le ministre de l'École
baissait la tête et il disait :
– C'est le Dragon Aux Yeux Verts,
le plus méchant, le plus terrible.
Personne ne peut le combattre,
sauf l'empereur de Chine.
Mais vous êtes trop petit !
Restez avec nous dans la Cité Interdite.

Le petit empereur de Chine n'était pas content,
et son pékinois Ouâ-Ouâ non plus.

Un jour, il demande :
– Racontez-moi comment il faut combattre
le Dragon Aux Yeux Verts.
Et le ministre de l'École répond :
– Si l'empereur de Chine réussit à parler au dragon
sans mentir et s'il parvient à écrire les mots
EMPEREUR DE CHINE sur son front, alors,
le dragon sera vaincu, et il lui obéira toujours.

Le soir, dans son grand lit, le petit empereur de Chine
ne joue plus avec sa tresse ni avec son pékinois Ouâ-Ouâ.
Il rêve au dragon et à l'aventure.

Soudain, quelqu'un le secoue. C'est une petite fille.
Le petit empereur de Chine a du mal à se réveiller :
– Qui… qui es-tu ?
Comment es-tu entrée dans la Cité Interdite ?
La petite fille caresse le chien, et elle chuchote :
– Je m'appelle Tsi-Tsi, je cours vite, je suis petite,
et je sais escalader les murs et passer par les fenêtres.
Je viens du quatrième village après la Cité Interdite
pour vous demander de nous sauver.
Nous sommes en danger !
– Mais de quoi parles-tu, Tsi-Tsi ?
– Il faut nous sauver du Dragon Aux Yeux Verts !
Il a enfermé tous les habitants de mon village
dans sa grotte. Venez vite !
Tout le monde dit que seul l'empereur de Chine
peut combattre le dragon.
Et vous êtes l'empereur de Chine !
Le petit empereur de Chine est très étonné.
Tsi-Tsi l'a regardé dans les yeux
sans être transformée en statue.
Le ministre du Bonjour-Bonsoir lui aurait donc menti ?

Il se lève, prend Tsi-Tsi par la main, et lui dit :
– Je vais venir, Tsi-Tsi. Je m'ennuie dans mon palais, et je connais l'histoire du Dragon Aux Yeux Verts.
Et ils sortent tout les deux de la Cité Interdite, suivis du pékinois Ouâ-Ouâ. Ils ne réveillent ni les ministres, ni les suivantes, ni les soldats.

Au premier village, les gens meurent de faim.
Ils ne reconnaissent pas le petit empereur de Chine.
Ils disent : – Le Grand Dragon nous a pris toute notre nourriture et nous n'avons plus rien !
Donne-nous l'un de tes beaux vêtements d'or.
Nous les vendrons, et nous pourrons acheter quelque chose à manger.
Le petit empereur de Chine se déshabille et leur donne tous ses beaux vêtements. Tsi-Tsi sourit, elle lui prend la main pour le conduire, et le pékinois Ouâ-Ouâ marche devant.

Au deuxième village, les gens meurent de soif.
Ils disent :
– Le Grand Dragon nous a volé toute notre eau.
Nous n'avons plus qu'un puits, trop profond
pour notre seule petite corde.
Donne-nous ta longue tresse
pour l'attacher au bout de la corde.
Le petit empereur de Chine
coupe sa tresse et l'attache à la corde.
Le seau peut descendre jusqu'au fond du puits
et remonter de l'eau.
Tsi-Tsi sourit au petit empereur de Chine,
elle lui prend le bras pour le conduire,
et le pékinois Ouâ-Ouâ marche devant.

Au troisième village, les gens pleurent à qui mieux-mieux :
– Le Grand Dragon nous a pris notre joie de vivre.
Depuis, nous sommes toujours malheureux.
Donne-nous ton petit chien, il nous amusera
et nous rendra la joie.
Le petit empereur de Chine est bien triste, mais il donne son cher petit pékinois Ouâ-Ouâ. Tsi-Tsi sourit, et elle prend le petit empereur de Chine par la main pour le conduire encore plus loin jusqu'au quatrième village, son village.

Dans le quatrième village, il n'y a plus personne.
Le Dragon Aux Yeux Verts a emprisonné
tous les habitants dans sa grotte.

Quand le dragon voit arriver Tsi-Tsi et son ami,
il gronde en crachant des flammes :
– Tu t'es enfuie, Tsi-Tsi ! Je devrais te manger !
Tsi-Tsi réplique :
– Pour me faire pardonner,
je te ramène un nouveau prisonnier !
Le dragon gronde :
– Qui es-tu, misérable ami de Tsi-Tsi ?
Si le petit empereur de Chine dit qu'il est l'empereur de Chine,
le dragon va le dévorer, c'est sûr !
Mais il ne doit pas mentir, c'est le ministre de l'École
qui le lui a dit. Et le petit empereur de Chine répond :
– Je suis l'empereur de Chine !
Le Dragon Aux Yeux Verts éclate de rire :
– Toi ? Ce n'est pas possible ! Où sont tes habits tissés d'or,
ta longue tresse et ton petit chien ? Je connais l'empereur de Chine.
Il a peur de moi, là-bas, dans sa Cité Interdite !
Ha ! ha ! ha ! ha ! Entre dans ma grotte,
petit mendiant menteur, je te mangerai plus tard.
Ha ! ha ! ha ! ha !

Quand la nuit arrive,
le dragon ferme ses grands yeux verts.
Tsi-Tsi fait signe à tout le monde de se taire,
et le petit empereur de Chine se lève.
Doucement, tout doucement,
il grimpe sur la patte aux griffes pointues.
Il a si peur qu'il tremble.
Il lui semble que les griffes remuent.
Et s'il allait se faire dévorer ?
Mais il sait ce qu'il doit faire, et sur le front du dragon,
vite, vite, il écrit les mots EMPEREUR DE CHINE.
Le dragon ouvre alors ses yeux devenus bleus et dit :
– Tu ne m'avais pas menti,
tu es bien l'empereur de Chine !
Demande-moi ce que tu veux, je t'obéirai,
car je suis pour toujours ton serviteur !

中国小皇帝

Le petit empereur de Chine a demandé la liberté
pour Tsi-Tsi, sa famille et tous les habitants du village.
Il a demandé de l'eau, de la nourriture,
des fêtes et des feux d'artifice.
Il a demandé son pékinois Ouâ-Ouâ.
Et il a fait ouvrir les grandes portes de la Cité Interdite.

Et maintenant c'est le petit empereur de Chine
qui a beaucoup de choses à apprendre à ses ministres.

FIN.

Retrouvez dans la même collection

Les Belles Histoires

Des histoires pour tous les âges !

dès 1 an

Les Belles Histoires des bébés

dès 2 ans

Les Belles Histoires des petits

dès 3 ans

Les Belles Histoires

Illustration : David Parkins